BASES

CONSTITUTIONNELLES

DE

LA RÉPUBLIQUE

DU GENRE HUMAIN,

Par ANACHARSIS CLOOTS, membre
de la Convention nationale.

A PARIS,
DE L'IMPRIMERIE NATIONALE.
1793.

L'an II de la République une et indivisible.

Page 28 , *paragraphe XLIII ; Réflexions politiques sur les circonstances présentes ; par J. F. Rabaut (Saint-Étienne).*

,, Il a paru en France un de ces hommes qui savent s'élancer
du présent dans l'avenir : il a annonce que le temps viendroit où
tous les peuples n'en feroient qu'un , et où les haines nationales
finiroient ; il a prédit la république des hommes et la nation
unique ; il s'est fièrement appelé l'orateur du genre humain , et
a dit que tous les peuples de la terre étoient ses commettans ; il
a prévu que la déclaration des droits, passée d'Amérique en
France , seroit un jour la théologie sociale des hommes et la
morale des familles humaines , vulgairement appelées nations.
Il étoit Prussien et noble , et il s'est fait homme. Quelques uns
lui ont dit qu'il étoit un visionnaire ; il a répondu par ces paroles
d'un écrivain philosophe : *On feroit un volume de fausses maximes
accréditées dans le monde ; on y vit sur un petit fonds de principes
dont fort peu de gens se sont avisés de reculer les bornes. Quelqu'un
ose-t-il prendre l'essor et voir au-delà ; il effraie , c'est un esprit
dangereux ; c'en est tout au moins un bizarre.* ,,

J'élèverai un monument impérissable dont les inscriptions seront des hiéroglyphes pour les barbares. La *sansulotterie* me comprendra parfaitement ; la *culotterie* ne voudra pas me comprendre. Quoique la convention nationale ne soit pas à la hauteur de sa mission, néanmoins un grand nombre de mes collègues embrassent ma doctrine : or, il ne faut que douze apôtres pour aller fort loin dans ce monde. J'ai le malheur de ne pas être de mon siècle ; je suis un fou à côté de nos prétendus sages. Emmanuel Sieyes, avec son *tiers - état*, n'auroit pas joué un plus sot rôle dans un *lit-de-justice* à Versailles, que moi avec mon *genre humain* parmi nos *hommes d'état*. Au moins à la cour de Versailles n'étoit-on pas inconséquent ; on ne s'y piquoit pas de professer la vérité, d'établir la liberté et l'égalité sur les *droits de l'homme* ; on n'y reconnoissoit que le *droit français*. Et moi qui fonde ma constitution sur la *déclaration des droits universels*, je rencontre des Français d'autrefois, des Huns et des Goths, des *grauds enfans* dans le sein d'une assemblée qui invoque les *droits de l'homme*. Certes, si tous les *Français* étoient à Coblentz ou à la Guiane, la brave *sans-culotterie* de nos quatre-vingt-six ou sept départemens mettroit à bas tous les tyrans de l'Europe. La tyrannie n'a pas d'auxiliaire plus robuste que le mensonge ; et sans la sagesse du peuple, on ne se contenteroit pas de me rire au nez comme à Copernic, mais on me persécuteroit corporellement comme Galilée et Jean Jacques. Je me venge avec mon franc-parler, et je me moque des moqueurs. *Le système d'Anacharsis Cloots est la meilleure apologie de la révolution française*, a dit un penseur Anglais : et des Français *non émigrés* me jettent la pierre ! Je nargue les mêmes puissances qui voulurent empêcher l'assemblée constituante de faire la *déclaration* des droits de l'homme. En effet, ces *droits là* ne s'accordent guère avec la politique des scélérats qui tiennent leur couronne de *Dieu et de leur é é*, La propagande m'occupe religieusement; je varie mes sermons sous toutes les combinaisons imaginables, et j'ai le plaisir de voir rétrograder l'erreur qui perd son plumage. Avouez, citoyens, que j'ai forte partie contre moi, les frippons et les sots; mais le peuple est plus fort que ces gens là. Le peuple adopte mon système qui le délivre à jamais de la guerre étrangère et de la guerre civile, et même de la rebellion locale. Les troubles du dedans proviennent des troubles du dehors. Les fanatiques de la Vendée oseroient-ils lever la tête, si nous n'étions pas environnés de tyrans, si nous n'étions pas resserrés dans des frontières onéreuses et absurdes? Le cabinet de Saint-James encourage les rebelles par ses intrigues et ses escadres; mais si l'Angleterre étoit libre, nous verrions, au contraire, les gardes nationales de Londres et de Portsmouth accourir en deçà du canal et au-delà des Tropiques pour exterminer les ennemis de la raison universelle.

Si nos hommes en place, nos *messieurs* n'entendent pas ce langage, le public l'entendra parfaitement. Toujours les gouvernés ont été plus philosophes que les gouvernans. Sous l'ancien régime, la *ville* valoit mieux que la *cour*; sous le nouveau régime, le *forum* vaut mieux que la *convention*. Cela ne doit pas étonner l'observateur qui calcule l'effet de l'intérêt particulier sur une grande masse, et l'effet de l'intérêt particulier sur une petite masse. Un gouvernement quelconque a la manie de se croire plus sage que le peuple; cette manie est le comble de la sottise: l'expérience nous guérira, j'espère. Le peuple est mon oracle; la vérité ne descend pas du haut des cieux, mais du haut des tribunes.   BASES

CONVENTION NATIONALE.

BASES

CONSTITUTIONNELLES

DE LA RÉPUBLIQUE DU GENRE HUMAIN,

Par ANACHARSIS CLOOTS, membre de la Convention nationale;

IMPRIMÉES PAR ORDRE DE LA CONVENTION NATIONALE.

Studium reipublicæ omnia superat. SALUST.

Nos commettans nous ont donné un mandat impérieux et laconique, le voici : *Législateurs , nous voulons une constitution qui marie le bonheur permanent avec la liberté permanente.*

Pour répondre aux vœux de la France , de l'Europe et du monde, nous labourerons les vastes plaines du génie, pendant que nos concitoyens labourent leurs champs fertiles , pendant qu'ils remplissent les atteliers de l'industrie. Nous détruirons l'erreur , pendant que nos frères d'armes livrent bataille aux errans.

Tous les peuples demanderont à se réunir départementalement à la France. Nous ne saurions répondre à cette demande fraternelle qu'après avoir posé des bases et développé des principes qui tiennent essentiellement à la conservation de la liberté que nous avons conquise avec tant de peine et de gloire. Le peuple Romain s'étudiait à perpétuer l'esclavage de l'univers ; le peuple Français va s'occuper des moyens de perpétuer la liberté universelle. Nous allons sonder le terrein , creuser les fondemens , mesurer les premières assises de notre constitution politique. Nous calculerons sa solidité et ses dimensions , avant de recevoir

A

les nombreux hôtes qui se présentent de toutes parts. Je me trompe fort, ou il y aura place pour tout le monde.

Il ne s'agira pas toujours de conquérir la liberté ; mais il sera toujours question de la conserver. La conquête est aisée, la conservation est difficile. Au lieu de quatre années révolutionnaires, nos convulsions politiques n'auroient pas duré quatre mois, si une bonne constitution se fût élevée sur les ruines de la bastille. Les architectes auxquels nous succédons, se plaignoient du mauvais goût d'un souverain novice dont les préjugés gothiques ne leur permirent pas de s'écarter de la route battue. Les colifichets de la France esclave ont surchargé les murailles, et dégradé les fondemens de l'édifice qui vient de s'écrouler sur les rois et les royalistes. Je ne déciderai pas entre les architectes qui donnent leurs plans, et les propriétaires qui en changent les proportions. C'est à nous de profiter des erreurs précédentes, et de n'oublier jamais que nous sommes des architectes subordonnés aux volontés d'un souverain hors de tutelle, d'un souverain émancipé par l'âge et l'expérience, d'un souverain élevé à l'école de l'adversité. Certes, tout ce que nous ferons de beau et de bon, sera goûté et sanctionné par une nation qui sait discerner le bien et le mal.

Nous poserons la première pierre de notre pyramide constitutionnelle, sur la roche inébranlable de la souveraineté du genre humain. Nous évaluerons ensuite les avantages de l'unité représentative, et les inconvéniens de la pluralité fédérative. La raison, développée clairement, dissipera les nuages dont l'opinion publique pourroit être circonvenue. La victoire des logiciens ou la défaite des sophistes ne sera jamais douteuse en présence d'un peuple plus philosophe que les Grecs, et plus libre que les Romains. L'arène où nous combattons n'élèvera pas une poussière qui nous dérobe aux yeux des spectateurs. Mandataires du souverain, notre compte rendu sera de tous les jours et de tous les instans ; nos décrets seront dictés par l'amour de la liberté , par l'horreur de la tyrannie. La convention nationale n'oubliera pas que nous sommes les mandataires du genre humain : notre mission n'est pas circonscrite dans les départemens de la France ; nos pouvoirs sont contre-signés par la nature entière.

C'est en consultant la nature que je découvre un système politique dont la simplicité sera parfaitement saisie par quiconque desire toute l'indépendance , tout le bonheur dont l'homme est susceptible. L'individu ne sauroit être libre tout seul ; un petit nombre d'individus ne sauroient rester libres long-temps. Nous ne sommes pas libres , si des barrières étrangères nous arrêtent à dix ou vingt lieues de notre manoir ; si notre sûreté est compromise par des invasions ; si notre repos est troublé , notre revenu grevé par des forces militaires ; si notre commerce est interrompu par des hostilités ; si notre industrie est renfermée dans le cercle étroit de tel ou tel pays. Nous ne sommes pas libres , si un seul obstacle moral arrête notre marche physique sur un seul point du globe. Les droits de l'homme s'étendent sur la totalité des hommes. Une corporation qui se dit souveraine, blesse grièvement l'humanité ; elle est en pleine révolte contre le bon sens et le bonheur ; elle coupe les canaux de la prospérité universelle ; sa constitution manquant par la base , sera contradictoire , journalière et chancelante. De ces données incontestables résulte nécessairement la souveraineté solidaire , indivisible du genre humain ; car nous voulons la liberté plénière , intacte , irrésistible , nous ne voulons pas d'autre maître que l'expression de la volonté générale , absolue , suprême. Or , si je rencontre sur la terre une volonté particulière qui croise l'instinct universel , je m'y oppose ; cette résistance est un état de guerre et de servitude dont le genre humain , l'être suprême , fera justice tôt ou tard.

A 2

Les attributs d'une divinité fantastique appartiennent réellement à la divinité politique. J'ai dit, et je le répète, que le genre humain est Dieu, les aristocrates sont des athées. C'est le genre humain régénéré que j'avois en vue, lorsque j'ai parlé du *Peuple-Dieu* dont la France est le berceau et le point de ralliement. La souveraineté réside essentiellement dans le genre humain entier ; elle est une, indivisible, imprescriptible, immuable, inaliénable, impérissable, illimitée, absolue ; sans bornes et toute-puissante ; par conséquent deux peuples ne sauroient être souverains, car, en se réunissant, il ne reste plus qu'un seul souverain indivisible ; donc aucune réunion partielle, nul individu ne peut s'attribuer la souveraineté. Un roi qui s'obstine à garder sa couronne, et un peuple qui s'obstine à s'isoler, sont des rebelles qu'il faut dompter, ou des errans qu'il faut ramener avec le flambeau des *droits de l'homme*, sous le giron de l'assemblée, de l'association universelle. Si, par exemple, Genève ne vouloit pas se réunir à nous, nous prierions Genève de nous réunir à elle. Comment auroit-elle l'impiété de refuser une demande fondée sur des principes éternels, sur la raison invariable ? Les eaux limpides se réunissent au premier point de contact ; les peuples éclairés se réunissent au premier apperçu des lois éternelles. Newton a réuni tous les philosophes par sa découverte physique ; je réunirai tous les hommes par ma découverte politique. Chaque peuple libre reconnoîtra mon principe, en évaluant les avantages inestimables de l'unité souveraine : or, si tous les peuples déclarent la même vérité, les mêmes droits, il en résulte naturellement une seule NATION dont la paix ne sera jamais troublée par des voisins jaloux, ni par des factieux turbulens. Le mensonge porte la discorde d'un pôle à l'autre ; la vérité portera la concorde d'un hémisphère à l'autre.

Les quatorze ou quinze prétendus souverains de l'Amérique

Septentrionale ont été forcés , par la nature , de remettre la souveraineté provisoire dans la grande communauté que représente le congrès , pendant que chaque section particulière conserve une dénomination sans objet , et une législature inutile. Ces sections , décorées du titre d'*états* , ne tarderont pas à être proportionnées sur une mesure commune , et administrées sur un plan uniforme. Les fédérés Français communiqueront aux fédéralistes Américains le vrai systême social , par la fusion des masses , par la confédération des individus. La liberté n'a qu'un formulaire. Ce sont les systêmes aristocratiques de la Hollande , de l'Italie , de la Suisse et de l'Angleterre qui se multiplient hideusement sous cinquante masques désorganisateurs. L'Américain , en secouant le joug du Breton , étoit imbu de toutes les extravagances Européennes ; il a cru que la sage division administrative entrainoit l'absurde morcèlement de la souveraineté. Permis à chaque canton , à chaque individu de se gouverner à sa guise, *pourvu que sa manière d'être ne nuise pas à celle d'un canton voisin ou éloigné* ; le charbonnier est maître de faire chez lui tout ce qui ne nuit pas à autrui. Il en est de même d'une commune, d'un district, d'un département et de toutes les peuplades qui se croient souveraines. Le genre humain ne doit trouver aucune résistance nulle part ; il agit comme bon lui semble , il ne souffre point de co-associé. Ce contrat primitif, cette condition éternelle est le seul cachet de la souveraineté. Admettre un autre souverain que le genre humain , c'est admettre la quadrature du cercle et rejeter les démonstrations mathématiques. Deux souverains sur notre planète impliquent contradiction.

Il n'y a pas d'autorité plus tutélaire que celle du genre humain ; il donne la plus grande latitude à chaque section de l'Empire : tous les individus , sous son gouvernement, jouiront d'une égale portion de liberté. S'agit-il de payer l'impôt ? (et

qu'est-ce que l'impôt dans une république sans voisins ?) il fixe
à chacun sa quote-part, sans rien prescrire sur le mode de per-
ception. Veut-on être jugé par des formes tortueuses, ou par
des jurys et des arbitres ? veut-on des électeurs pour nommer
ses représentans ? Préfère-t-on ici l'appel nominal et ailleurs le
scrutin fermé ? veut-on une faculté de médecine et une faculté
de théologie, des médecins du corps et de prétendus médecins
de l'ame ? Qu'importe à la société, pourvu que l'impôt rentre,
et que les députés arrivent en raison de la répartition universelle ;
chacun fera le déboursé de ses fantaisies particulières. La différence des costumes, des cultures et des cultes ne troublera
point l'harmonie sociale. Pas d'autre règle, à cet égard, que
la convenance topographique. La récolte du riz est-elle nuisible dans certains climats ? les habitans du lieu seront les
maîtres de prohiber les rizières insalubres. Les liens élastiques
des *droits de l'homme* se plient à toutes les circonstances favo-
rables à l'humanité ; rien au monde ne sauroit désunir la république des *droits de l'homme*. Ne nous perdons pas en suppo-
sitions absurdes, le bon sens et la liberté ne se refuseront jamais
à des plans raisonnables ; on préférera toujours la science à
l'ignorance, la lumière aux ténèbres, la quiétude à la tribu-
lation, l'économie à la prodigalité, la conservation à la dilapi-
dation, les successions équitables aux substitutions tyranniques,
la démocratie à l'aristocratie, les couronnes civiques aux lettres
de noblesse, les droits de l'homme aux droits usurpés. L'esprit
humain se plaît dans les formes simples, il tend irrésistiblement
vers l'unité pacifique ; l'erreur le gêne trop pour ne pas s'en
délivrer quand on la lui fait connoître. L'autocratie dont nous
sommes revêtus ne nous élèveroit pas au-dessus des législateurs
ordinaires, si nos décrets n'émanoient pas de l'autocrate primitif, la nature infaillible. Voyez ces peintres maniérés dont les
tableaux sont la honte d'un sallon ; voyez les productions sublimes
d'un Raphaël, d'un David : les disciples dociles de la nature

sont les premiers maîtres dans tous les arts. J'ai pâli sur les livres qui contiennent les différentes constitutions humaines ; par-tout j'ai retrouvé un mauvais goût de terroir ; par-tout l'esprit de l'homme insulte au génie de la nature ; mais voici l'époque où le soleil de la liberté naturelle va briser les alambics et les serres chaudes de la liberté factice. La constitution du genre humain, connue et adoptée sans efforts, ne sentira pas l'huile de la lampe ; l'imagination ne fascinera plus la raison ; tous les voiles sont déchirés.

Le département de la Pensylvanie s'est imaginé que le petit département de Rhode-Island ne pouvoit pas s'étendre géométriquement sans empiéter sur les domaines, sur la souveraineté de ses voisins, comme si le domaine des hommes libres pris en masse, n'étoit pas un être de raison ; comme s'il y avoit une autre propriété que celle des individus, une autre communauté que celle de la liberté. Règle générale, par-tout où vous trouverez des loix qui blessent *les droits de l'homme*, des loix accidentelles qui contrarient les loix éternelles, par-tout où vous verrez les ports et les hâvres fermés à votre commerce, ainsi que les chemins et les canaux ; protestez contre l'erreur si c'est un pays libre ; contre le tyran, si c'est un pays despotique ; contre les aristocrates, si c'est un pays oligarchique. Une portion du genre humain ne sauroit s'isoler sans être rebelle ; et le privilège dont elle se targue est un crime de lèse-démocratie. Cette vérité a été tellement sentie par les états particuliers de l'Amérique, qu'il ne reste plus à leurs législatures locales, à leurs souverainetés partielles qu'un vain nom : tout se réduit chez eux à des fonctions moins importantes que celles de nos administrations départementaires. Les choses ne changent pas de nature par le changement des noms. Il n'y a pas plus de raison d'ériger un département en souverain, qu'un district, un canton, une municipalité, une famille, un individu. Chaque homme, si vous le voulez , est un souverain, bien entendu que sa souveraineté n'empiète pas sur 'a souveraineté individuelle des autres hommes. Il ne s'agit pas ici d'une dispute de mots : un prunier ne portera pas des pommes en l'appelant pommier. Une fraction de la grande famille ne sauroit s'emparer de la faculté souveraine , de la faculté de vouloir absolument , irrésistiblement , sans un démenti formel au genre humain. La souveraineté d'une république de Raguse est aussi dérisoire que celle d'un roi Louis Capet. Deux hommes ou deux peuples isolés sur la terre , pourront se croire souverains ; mais au moment du contact, au premier signal des *droits de l'homme* , il n'y a plus qu'une volonté absolue dans le monde. Qui dit *souverain* dit *despote* ; ne soyons pas étonnés si les prétendus souverains ont ravagé les domaines du souverain légitime dont le despotisme est le résultat heureux et unique de *toutes les volontés particulières*. Une seule erreur a livré notre globe à une chaîne de calamités ; c'est de couronner toute autre puissance que le genre humain. Détrônons les fractions sociales ; et le *tout* , le despote par excellence , la loi universelle réalisera les fables de l'âge-d'or.

Je demanderai aux Français qui désirent un gouvernement fédératif , s'ils veulent déchirer leur patrie en deux divisions , en deux patries , en deux congrès ; ou s'ils ne veulent qu'une seule division fédérale , un seul congrès ? Dans le premier cas ils seront moins prudens que le sénat Romain qui rejeta unanimement cette proposition , après la prise de Veyes ; et la même motion renouvelée de nos jours en Amérique éprouva la même défaveur. Quant au congrès unique , il n'y a de différence entre les Américains et nous , qu'une plus grande sévérité dans nos expressions et une plus parfaite organisation dans nos distributions géométriques. Voudrions-nous imiter leurs défauts après avoir imité leurs vertus ? Notre horloge est plus simple , plus solide, elle marche plus régulièrement. Ajouterons-nous des rouages inutiles et dispendieux, par un servile esprit d'imitation? Deux horloges d'une construction différente sonneront également l'heure ; mais on préférera la moins compliquée, la moins lourde, la moins chère, la plus homogène, la plus sonore. Celle qui aura le moins de rouages et de frottemens sera moins sujette à se déranger. Une cloche soudée est toujours sourde : la fusion parfaite de toutes ses parties lui rendra son élasticité et son timbre.

Doublerons-nous la dépense et les inquiétudes du gouvernement, en multipliant les capitales, les assemblées législatives, les conseils exécutifs, les armées, les forteresses et les flottes, les accises et les douanes ? Quel sera le degré de prépondérance de nos *états* maritimes qui s'enrichissent avec nos escadres, ou de nos *états* frontières qui s'enrichissent avec nos garnisons, ou de nos *états* commerçans qui s'enrichissent avec nos colonies, ou de nos *états* intérieurs qui, éloignés du théâtre de la guerre, et à l'abri des invasions ruineuses, s'enrichissent paisiblement par le débouché perpétuel des rivières et des fleuves, des chemins et des canaux, des lacs et des mers ? Je plane sur les sections de la France, j'interroge les élémens dont elles sont composées ; la réponse est unanime dans toutes les communes, dans toutes les bouches primaires : *conservons l'avantage inappréciable de l'unité souveraine que l'Amérique nous envie et dont elle se rapproche chaque jour.* Les individus Français se tromperoient beaucoup si, rétrogradant dans la carrière politique, ils croyoient imiter les individus Américains. L'Amérique s'avance à grands pas vers la perfection sociale, elle se dégoûte de la superfétation d'un sénat et de la prépondérance d'un président monarque : elle conçoit l'absurdité d'une souveraineté intermédiaire entre l'individu et la masse totale des individus. Elle renonce par le fait aux prétentions de son enfance, en attendant qu'elle y renonce formellement dans une autre convention nationale.

Il seroit fort étrange que les Français détruisissent à grands frais leur lumineuse et vigoureuse enceinte, dite *Capitale*, pendant que les Américains en construisent une à grands frais. La nécessité d'un centre commun, d'un dépôt général, d'un point d'appui à tous les rayons qui partent de la circonférence, dicta impérieusement aux Américains le fameux décret qui jette les fondemens d'une ville superbe, d'un chef-lieu unique. Paris est à la France ce qu'un point mathématique est pour les géomètres : quatre-vingt et tant de rayons aboutissent à la commune nationale. Paris est un point politique essentiellement lié à tous les rayons départementaires. L'intérêt d'aucune autre commune ne coïncide pas aussi directement, aussi impérieusement avec l'intérêt général. Un ministre judicieux, le citoyen Pache, a eu raison de dire que *les ennemis de Paris sont les ennemis de la République*. En effet, les rois n'ont jamais aimé Paris, mais les *sans-culottes* l'aimeront toujours. Les ambitieux redoutent les regards perçans de Paris, ils se sont apperçus que le chef-lieu d'une grande République formoit un immense foyer de lumières ; ils en concluent qu'il faut de petites républiques et par conséquent de petits chefs-lieux. On lit dans l'histoire d'Angleterre de Hume, que le roi Henri VII observa que certaines gens ressembloient dans leurs provinces à des vaisseaux en rade, et dans Londres à des vaisseaux en pleine mer, qu'on distingue à peine d'une chaloupe ou d'une barque de pêcheur. Ces gens-là voudroient de petites villes, de petites assemblées, de petites nations, de petites querelles et de longues guerres pour se venger de la nullité où les plonge une vaste république dont le génie et l'orgueil se développent dans un vaste entrepôt qui sert de phare à tous les membres de la société libre. Ce phare est l'ouvrage de tous ; chacun y met du sien, chacun en profite, et jamais un homme sensé ne fut jaloux de son propre ouvrage. La nation triomphera de tous les calomniateurs. La destinée de Paris est

inséparable de celle de la République. Jamais on ne décrétera
que le chef-lieu sera irrévocablement sur la Seine ; mais la com-
binaison des circonstances , la situation heureuse , la résistance
des intérêts opposés , l'habitude , les frais d'un déplacement aussi
ruineux qu'imprudent , le ciel et la terre plaident en faveur de
la permanence d'un chef-lieu qui doit s'améliorer avec l'accroissement de la République. Calculons ensuite combien les mandataires des Bouches du Rhin , de la Meuse et de l'Escaut aug-
menteroient la masse de nos lumières centrales , en combinant le
flegme du Nord avec la bile du Midi , sur un rivage qui n'é-
prouve ni l'ardeur des vents d'Afrique , ni les rigueurs des vents
hyperboréens. Le site fortuné de Paris est abordable de toute
part , et par la mer d'Allemagne et la Méditerranée , et la Manche
et l'Océan Atlantique.

L'homme est tellement soumis à la nature des choses , qu'il
est toujours ramené à la vérité par les routes mêmes les plus dé-
tournées. C'est par les nombreux épicycles d'une fausse astro-
nomie que nous sommes entrés dans la sphère simple et vraie du
Prussien Copernic. Le genre humain comprendra les oracles de
la raison invariable. J'occupe la tribune de l'Univers , et la catho-
licité de nos principes doit frapper l'oreille de tous les hommes.
Les dénominations de *Français* et d'*Universel* vont devenir synonimes , à plus juste titre que les noms de *Chrétien* et de *Catholique*. La vérité toute entière sera désormais le testament politique
des hommes libres. Les réticences du foible n'accréditeront plus
les mensonges des puissans. Le machiavélisme des usurpateurs
échoue devant la morale des républicains. L'astuce et la dupli-
cité ne sont plus à l'ordre du jour. Le vice se tait , la vertu
parle. Une constitution sera variable tant qu'elle sera perfectible.
Les adversaires prolixes de l'unité camérale n'ont pas fait cette
observation briève. Une mauvaise constitution ne sauroit durer
long - temps chez un peuple qui connoît les droits du genre hu-

main, chez un peuple dont l'énergie se communique à tous les rouages de la machine sociale. Montrez-moi deux chambres dans la nation et je vous accorderai deux chambres dans la Constitution. Un peuple homogène doit avoir une représentation homogène.

Je donne plus à penser qu'à lire par le choix de mes argumens qui frappent plusieurs objections à-la-fois; le lecteur ou l'auditeur examinera les objections que j'anéantis sans les étaler fastidieusement.

Mon aversion pour le morcèlement du monde provient d'un problème dont la solution m'appartient. Je me suis demandé pourquoi les italiens de Gênes et de Venise s'armoient et se battoient pour la moindre altercation, pendant que les français de Marseille et de Bordeaux accommodent leurs différends par une simple procédure? N'est-il pas évident que l'ignorance de la volonté universelle est la cause immédiate de toutes les guerres? Deux familles indépendantes de la loi commune, en viendront nécessairement aux mains pour la lisière d'un champ, le lit d'un ruisseau, la plantation d'un arbre, la construction d'un mur. Chacun étant juge et partie, il faut se battre à outrance malgré les réclamations les plus pacifiques. Le droit du plus fort, le droit de conquête, les combinaisons hostiles sont les conséquences funestes de l'oubli des droits de l'Homme. L'oubli de la loi unique est l'origine de toutes les dépendances, de toutes les servitudes, de toutes les chevaleries féodales, de toutes les baronnies belligérantes, de toutes les calamités morales. Les Républiques grecques, les Républiques helvétiennes, les Républiques flamandes ont cru remédier aux lenteurs, aux incohérences, aux contradictions de leurs systèmes erronés, par des transactions pénibles qui, en augmentant l'influence du plus puissant ou du plus intrigant, font désirer aux plus foibles, aux plus débonnaires, la médiation d'un stadhouder, d'un président, d'un huissier; on s'accoutume à la protection d'un homme au-dedans ou d'un homme au-dehors. Et voilà comment les Macédoniens et les Romains furent appelés dans la Grèce fédérative; les rois de France et de Sardaigne, dans la Suisse fédérative; les rois d'Angleterre et de Prusse, dans la Hollande fédérative. L'insolence du grand canton de Berne et celle de la grande maison d'Orange sont assises sur le morcèlement de la souveraineté. Tout languit, tout se corrompt, tout se détruit dans l'absence d'une vérité-mère. Si les princes ont pris la place des principes, c'est en rappelant les principes que nous chasserons les princes.

Une opinion trop généralement répandue en France, c'est de placer de petites Républiques entre nous et les tyrans, pour éviter les horreurs de la guerre. Cette opinion tient aux vieilles idées aristocratiques de l'influence et de la protection; c'est-à-dire, que nous permettrons à ces petites Républiques de faire tout ce qui nous convient: malheur à elles si leur industrie contrarie la nôtre; nous serons jaloux de leur commerce, de leurs manufactures, de leurs pêcheries. Nos barrières les cerneront, la contrebande provoquera des rixes; nous aurons de part et d'autre des commis, des soldats, des citadelles, des camps, des garnisons, des escadres. Mais, dira-t-on, nos voisins libres auront pour nous un amour inaltérable; ils exerceront lucrativement leur industrie, en se reposant, pour leur défense, sur nos armées et nos forteresses et nos trésors? C'est-à-dire, que leur industrie tuera la nôtre; car la main-d'œuvre ne sera pas chère dans un pays dont la dépense publique retombera en grande partie sur nous. Il faudra donc recourir au système prohibitif, à moins de faire payer un tribut direct à nos chers et aimés voisins: or, un peuple tributaire n'est pas libre. Il est donc démontré que ces Républiques seroient moins libres que nos départemens. Et notre bonheur mutuel en souffriroit d'autant plus que les tyrans, les aristocrates se mêleroient de nos querelles, en appuyant, comme de raison, le plus foible contre le plus fort. Le commerce est la principale cause des dissentions humaines ; or, les Républiques sont plus commerçantes que les royaumes. N'ayons pas de voisins si nous ne voulons pas avoir d'ennemis. *Ennemi* et *voisin* sont termes synonimes dans les langues anciennes. Un peuple est aristocrate à l'égard d'un autre peuple : les peuples sont nécessairement méchans : le genre humain est essentiellement bon ; car son égoïsme despotique n'est en opposition avec aucun égoïsme étranger. La République du genre humain n'aura jamais dispute avec personne, car il n'y a point de pont de communication entre les planètes. Rome et Albe, Gênes et Pise, Bologne et Modène, Florence et Sienne, Venise et Trieste, Marseille et Nice, Metz et Nancy, Amsterdam et Anvers se portoient une haine dont les historiens et les poëtes nous ont transmis les relations lamentables. J'ai observé dans mes longs voyages que chaque ville donne des sobriquets odieux ou ridicules aux villes voisines ; cet acharnement se fait aussi remarquer dans les campagnes : et si vous voyez deux ou trois personnes assises devant la porte de leur maison, vous pouvez parier que la conversation n'est pas au profit du voisin. Voulons-nous rétablir la paix sur notre continent ? fesons pour l'Europe ce que nous avons fait pour la France. Eclairons les hommes, délivrons-les de leurs erreurs ; et la haine naturelle entre voisins se changera en amour naturel pour la loi commune qui, toujours impassible, ne fléchira pas sous la fougue des passions locales. Il n'y a pas de tyran plus terrible que l'erreur ; sans l'erreur il n'y auroit point de tyran. Consultez tous les aristocrates de l'Univers ; consultez les marchands privilégiés ; consultez les pirates et les contrebandiers ; consultez les transfuges criminels ; consultez les ambitieux patelins, qui veulent multiplier les fonctions pour jouer un rôle avec le manteau d'un bourguemestre, avec les cartons d'un secrétaire d'état, avec le diplôme d'un ambassadeur, avec l'épée d'un général ; consultez le petit nombre qui vit aux dépens du grand nombre ; consultez les hommes qui méconnoissent les intérêts du peuple, ils vous détourneront du nivellement départemental, ils vous conseilleront le système pernicieux du poly-républicanisme. Un département n'est pas sous la protection d'un autre département, mais une petite république sera plus ou moins sous la protection d'une grande république ; or, voilà un germe d'aristocratie dont les développemens coûteront cher aux protecteurs et aux protégés.

Tout se nivèle, tout se simplifie, toutes les barrières tombent, et l'immense attirail qui gêne l'action du gouvernement, disparoit avec les corporations nationales. Supposons un instant que la France fût une île inconnue au reste du monde : son gouvernement délivré des inquiétudes vicinales, seroit d'une simplicité admirable. La législature deviendroit moins nombreuse, et le comité exécutif auroit des vacances. Eh bien, le globe que nous habitons est une île médiocre qui flotte autour du soleil. Calculez d'avance le bonheur dont jouiront les citoyens, lorsque l'avarice du négoce et les jalousies du voisinage seront contenues par la loi universelle, lorsque les ambitions inciviques seront éclipsées par la majesté du genre humain.

Vainement décréteroit-on que la France est composée d'autant de républiques que de départemens ou de communes, il n'en sera pas moins vrai que la France est une république indivisible, une fédération de vingt-cinq millions d'hommes qui veulent la liberté et l'égalité, qui soupirent après la fédération universelle d'un milliard de frères ? L'horreur des corporations anciennes inspire aux Français, aux *universels*, l'aversion des masses fédératives dont le choc est toujours funeste à l'humanité, toujours profitable aux aristocrates. C'est bien assez du choc des individus, sans qu'on relâche les nœuds du gouvernement, sans qu'on affoiblisse l'autorité de la loi par le choc des congrégations. La loi est toute-puissante contre l'ambition individuelle, mais elle échoue contre l'ambition collective. La nature ne protège particulièrement ni canton, ni paroisse ; sa sollicitude enveloppe tous les individus indistinctement. La fédération des masses américaines engendre une foule d'inconvéniens inconnus à la fédération des Français. Plus la république s'étendra et moins elle aura besoin de forces défensives : son gouvernement croîtra en énergie avec l'accroissement de la république. Cependant les royalistes et les fédéralistes vous proposeront des moyens destructifs de toute harmonie, de toute accélération. La meilleure Constitution sera celle qui marchera de soi-même, et qui, ne rencontrant aucun obstacle au-dehors, n'éprouvera aucune résistance au-dedans. Ce sont les affaires étrangères qui nuisent aux affaires intérieures. Sans les étrangers nous économiserions les trois-quarts de nos dépenses publiques, nous supprimerions la plupart des rouages de l'horloge politique. Le genre humain délivré imitera un jour la nature qui ne connoît point d'étrangers ; et la sagesse régnera sur les deux hémisphères, dans la république des *Individus-Unis*.

Quant à la formation du gouvernement, il n'y a pas un seul Français qui ne rejetât avec indignation le régime américain. La souveraineté du peuple homogène ne sauroit admettre la bascule anglaise, ni aliéner le *veto* le plus mitigé. Le rapport d'un décret précipité est un remède préférable au *veto* anglican. Cela perdroit un sénat aristocratique, cela sauve une assemblée nationale. L'envahissement des pouvoirs est impossible dans une grande assemblée biennale dont le souverain surveille toutes les démarches. Les Français ne sonneront plus le tocsin qui fit écrouler la bastille et les tuileries. En Angleterre, où les droits du peuple ne sont pas reconnus, où un homme traite les habitans de ses sujets, où trois pouvoirs se disputent les lambeaux de la souveraineté, il a paru nécessaire d'opposer le contrepoids du

veto

veto royal à tous les grelots de la chambre haute. Il a fallu un échafaudage ridicule pour soutenir un édifice qui manque par les fondemens. Mais en France, nos excellentes bases constitutionnelles nous permettent d'adopter des formes pures pour achever la constitution de l'univers.

Il n'y a proprement qu'un seul pouvoir, celui du souverain ; toutes les distributions sont des agences, des devoirs. Je dirai donc le devoir législatif, le devoir exécutif, sans porter préjudice aux autorités constituées.

Quel inconvénient y auroit-il de composer le conseil exécutif de sept ministres, en ajoutant le département des arts, des sciences, de l'agriculture, des manufactures et du commerce aux six départemens existans ?

Où trouvera-t-on un meilleur corps électoral pour le choix des ministres, que l'assemblée législative, qui par appel nominal, ne pourroit donner son suffrage à aucun de ses membres ? Je ne connois aucune objection victorieuse contre ce mode salutaire. L'expérience réfute encore ici nos docteurs qui ne s'adressent au peuple que pour nuire au peuple. On n'évitera jamais l'inconvénient d'avoir un ministre qui déplaise à un côté de la salle ; et ce sera bien pis s'il est nommé hors de la salle. Pache fut indiqué par Roland, et les Rolandistes eurent Pache en horreur. Le mode vicieux d'un corps électoral suprême, à côté du corps représentatif suprême, formeroit une seconde chambre plus monstrueuse que toutes les conceptions des Bicameristes. Les dissentions intestines ne tarderoient pas à relever les espérances des perturbateurs ; et sous prétexte de servir la nation, on égareroit l'opinion publique par des calomnies adroites et par des éloges insidieux. L'esprit de corps renaîtroit de ses cendres, et les orages de la rivalité troubleroient bientôt l'harmonie républicaine. Ces orages ruineux pour le peuple, font la fortune des scélérats qui, semblables au limon d'un fleuve limpide, ne se montrent jamais dans les temps calmes et sereins. Je ne parlerai pas des assemblées primaires pour le choix des ministres : la simple énonciation en démontre l'impossibilité. Je n'indiquerai pas les assemblées électorales, car les mêmes difficultés se reproduisent en foule, et ce seroit préjuger la question concernant l'existence des corps électoraux qui deviendront de jour en jour plus inutiles par le progrès des lumières.

Le conseil exécutif choisiroit son président chaque semaine ou chaque quinzaine, comme cela se pratique depuis le 10 août. Ce président n'auroit aucune prépondérance vocale, aucune représentation ou distinction extérieure. Une rude expérience doit avoir guéri la nation du préjugé de je ne sais quelle splendeur aulique, de je ne sais quelle enluminure romanesque appliquée sur le visage d'un serviteur du peuple. C'est en terminant avec promptitude et prudence les affaires d'état, que chaque ministre représentera dignement la majesté du souverain; d'autant mieux que nous ne recevrons et n'enverrons pas d'autre ambassadeur que de modestes consuls pour entretenir des relations commerciales avec les contrées voisines et lointaines. Un étranger qui obtient sans retard une réponse satisfesante, vous tient quitte d'un bal paré ou d'un dîner splendide. Les repas et les danses champêtres donneront une plus haute idée de l'alégresse, de la puissance nationale, que les banquets et les menuets d'un fastueux Versailles. Soyons utiles, et nous serons vertueux et respectables. On se plaint des pamphlets satyriques dont retentissent les avenues de notre salle ; mais rien au monde ne sauroit avilir un homme ou une assemblée utile. Fesons notre devoir, et nous ressemblerons aux triomphateurs romains dont la gloire recevoit un nouvel éclat par les saillies licencieuses des soldats victorieux. Sous le règne des *droits de l'homme*, le respect public se gradue sur la grande échelle de l'utilité : nous ne connoissons pas d'autre hiérarchie.

Le conseil exécutif, le devoir exécutif n'aura aucune part à la confection des loix, sinon d'émettre son avis motivé, huit jours avant le décret définitif. Cette méthode augmentera la masse des lumières et n'entravera pas la marche du corps politique. Il en résultera un concert heureux entre tous les agens du gouvernement : les agitateurs ne trouveront plus à semer la zizanie dans la République. C'est toujours la discorde des gouvernans qui altère la concorde des gouvernés. La lutte des pouvoirs alimente les factions au détriment de la nation. Un *veto* systématique brouillera toujours l'assemblée nationale avec le devoir exécutif. Le *veto* est une torche qui porte le ravage par-tout, sans en excepter la plus humble chaumière. C'est au souverain à redresser les écarts de ses représentans. L'opinion publique fortement prononcée est le seul *veto* tolérable. La sanction est intransmissible comme la souveraineté. Le genre humain ne peut avoir d'autre règle que les *droits de l'homme* : cette règle distingue la société vraiment libre de toutes les sociétés anciennes et modernes, civiles et religieuses. Sans les *droits de l'homme* tout gouvernement est aristocratique et provocateur des séditions, des insurrections, des commotions turbulentes. Voici le résumé de nos droits et de nos devoirs : *ne pas faire à autrui ce que nous ne voudrions pas qu'on fît à nous-mêmes.* Voici les conséquences de nos droits : *circonscrire les fonctionnaires publics dans une dépendance rigoureuse de la loi.* Notre constitution sera mauvaise, si le fauteuil d'un homme en impose davantage que le code des lois, si un individu sort de la ligne républicaine pour lever orgueilleusement la tête au dessus de ses concitoyens. Peut-être l'ambition locale, les passions particulières voudront s'opposer à mes principes universels ; mais cette lutte se fera publiquement, et je laisse au souverain à juger entre les orateurs ambitieux, et les orateurs du bien public.

Tous les fonctionnaires de l'Empire étant sous l'inspection immédiate du souverain, il seroit absurde de créer un sénat, un stadhouder, une haute-cour-nationale : trois pommes de discorde, trois moyens d'attiser le feu de l'ambition. Les tribunaux ordinaires jugeront les forfaits soi-disant extraordinaires ; tous les crimes sont de lèse-société, de lèse-nation. La responsabilité des ministres sera toujours individuelle en raison de leurs signatures respectives ; elle ne sera pas illusoire et alarmante, car les comités de l'assemblée nationale éclaireront, rassureront le peuple sur toutes les opérations ministérielles. Ces opérations se simplifieront à mesure que les trônes s'écrouleront et que la République s'agrandira. Le fardeau militaire qui pèse sur toutes les branches administratives, diminue toujours en raison de l'accroissement du territoire et de la population. Les bureaux de la guerre, de la marine, de la diplomatie, des colonies et des finances deviendront inutiles, si nous sortons triomphans de la crise actuelle : ce triomphe est indubitable.

Je passe rapidement sur les accessoires, pour ne m'attacher qu'aux bases fondamentales, dans l'intime persuasion qu'avant deux ans, la face du monde changera de manière à recommencer notre travail sur le *conseil exécutif*, qui ne sauroit être que provisoire. Que ferons-nous de cette cinquième roue, lorsqu'il n'y aura plus ni armée, ni flotte, ni contributions lourdes, ni spéculations bursales ; ni affaires étrangères ; lorsque les quinze cens ou deux mille députés n'auront pas d'autre besogne que la surveillance générale, et la correspondance avec les arrondissemens administratifs ? Le ministère de l'intérieur et celui de la justice seront la seule occupation de la législature, du bureau officiel de correspondance ; nouvel argus qui veillera perpétuellement au maintien de l'harmonie universelle. Une constitution qui ne sera pas bonne pour tous, ne vaudra rien pour personne. Or les *droits de l'homme* établissent naturellement une chambre représentative qui appartient à tout le monde ; mais l'oubli des *droits de l'homme*, le morcellement du monde, exige un échafaudage vicieux, un conseil exécutif en contradiction avec l'éternelle vérité, un corps étranger qui n'appartient qu'à une fraction politique.

Poussons la guerre avec vigueur, elle sera décisive, et nous aurons une constitution simple et parfaite. En attendant, choisissons bien nos matériaux ; ne fesons pas des pierres angulaires avec du moëlon sablonneux ; ne confondons pas les gros murs avec des murailles intermédiaires, que nous abattrons après la chute des tyrans. Je défie qu'on fasse jamais une bonne constitution *française* ; car une république enveloppée par de grandes puissances ennemies n'est pas libre, à moins qu'on ne dise qu'un oiseau est libre dans sa volière. Je me charge de vous faire une excellente constitution universelle ; et je laisse à plus habile que moi d'en faire une pour des *sections* schismatiques.

La république universelle remplacera l'église catholique, et l'assemblée nationale fera oublier les conciles écuméniques. L'unité de l'état vaudra mieux que l'unité de l'église. La présence réelle des représentans ne sera pas un article de foi comme la communion des saints. Le symbole des conventionnels sera démontré plus clairement que le symbole des apôtres. L'unité théologique a produit tous les maux ; l'unité politique produira tous les biens. Les décrétales du chef-lieu de la chrétienté ont semé la zizanie ; les décrets du chef-lieu de l'humanité produiront la concorde et l'abondance. La théocratie universelle persécute la raison ; la monarchie universelle persécute la liberté ; la république universelle rend à chacun ce qui lui est dû. Le dernier régime est impérissable ; les autres sont éphémères.

Quant au ministre de l'intérieur, son exercice ne sera pas entravé par les opérations extérieures, lorsque la république sera aussi étendue que la terre. Il ne sera plus question de l'approvisionnement des armées, de la friponnerie des fournisseurs, de l'impéritie et de la trahison des généraux, du gaspillage et du renchérissement des comestibles. Il n'y aura plus ni dette, ni emprunt, ni remboursement. Les intermittences de l'importation et de l'exportation n'exciteront plus d'émeutes dans les villes paralysées par la guerre et par les lois prohibitives. La stagnation subite du travail n'affligeront le peuple nulle part, sans les intrigues et les injustices des puissances étrangères. Le commerce d'un pays ne tendra plus à la ruine d'un autre pays : la balance du commerce ne sera plus mesurée sur la balance politique. Toutes les barrières tomberont, toutes les rivalités locales agiront au profit de la *sans-culotterie* universelle, de la nation unique, indivisible. Il ne dépendra pas d'un individu ou d'une corporation outre-monts, outre-mer, outre-rhin, de chagriner nos artisans, nos meilleurs amis, nos parens les plus proches dont le nombre, le travail et les vertus sont également intéressans pour la nature entière.

Le mal physique n'étant plus aggravé par le mal moral, on supportera patiemment l'inclémence des saisons et tous les maux naturels. Chaque administration municipale n'ayant plus d'inquiétude sur le sort des ouvriers valides ou infirmes, sur la rentrée des contributions infiniment légères, sur le passage des troupes amies, sur l'invasion des troupes ennemies, sur la faillite du négoce et l'interruption de tous les approvisionnemens; le monde entier formant une seule famille, les privations de la disette et les excès de la non-valeur, le flux et reflux d'une population tantôt entassée, tantôt clair-semée, ne troubleront jamais aucun district ou canton. Nous avons beaucoup de pauvres, parce que nous avons beaucoup de barrières et de soldats. Une livre de pain ou de viande, consommée dans un camp, suppose la perte de dix livres de pain ou de viande. La paix perpétuelle maintiendra un niveau perpétuel entre la consommation et les consommateurs, entre l'ouvrage et les ouvriers. Il n'y aura pas de fonctionnaire moins affairé que le ministre de l'intérieur. Les biens nationaux seront vendus, et chaque particulier administrera son propre bien. Nous pourrons supprimer la plupart des comités et renvoyer tous les ministres. Notre organisation perfectionnée par l'union universelle, nous dispensera un jour d'avoir ce qu'on appelle *un gouvernement*. La législature composée d'un ou deux députés par département, sera plus que suffisante pour surveiller les administrations inférieures et pour servir de bureau officiel de correspondance à la république sans vassaux ni voisins.

Les décrets seront très-rares lorsque la constitution de l'Univers sera faite, lorsque les *droits de l'homme* seront en exercice sur un globe divisé politiquement en mille cases départementales. Et s'il falloit des tribunaux de cassation pour les procédures particulières, on s'adresseroit à un tribunal voisin ; 50 ou 60 départemens formeroient un grand jury, si toutefois un pareil tribunal étoit nécessaire dans le calme de l'harmonie universelle. Il ne sera pas toujours nécessaire de traduire à l'abbaye un délinquant de Saint-Domingue ou de Chandernagor. Les contestations, les agitations quelconques seront facilement appaisées par les départemens environnans, sans avoir recours à un nouveau décret de l'assemblée nationale. La somme de bonheur sera si grande pour chaque portion de l'empire, qu'il y aura une sollicitude générale pour le maintien de l'ordre établi. Oui, citoyens, l'Univers sera un jour aussi jaloux de l'unité du genre humain, que vous l'êtes maintenant de l'unité de la France. Votre principe n'est pas une affection locale, c'est le vœu du cœur humain. Personne n'a le droit de me faire du mal ; or un hameau, une ferme qui se détacheroit du reste de la société, nuiroit essentiellement à mon bonheur, car bientôt toutes les parties seroient également fondées à se détacher, et le monde gémiroit sur les horreurs de l'anarchie. On avoue que nous ne devons pas souffrir qu'un peuple adopte des formes aristocratiques, des formes qui blessent les principes : c'est avouer qu'il faut nous opposer au déchirement de la société humaine, de la nation unique dont la France exerce provisoirement les pouvoirs. L'existence de deux nations implique contradiction ; elles auroient les mêmes droits, les mêmes attributs. Comment seroient-elles indivisibles ? Je ne vois pas pourquoi une commune n'auroit pas le privilège de s'ériger en troisième souverain, ou au moins de changer de souverain. Tout s'explique, tout s'éclaircit avec la souveraineté du genre humain. N'est-il pas affreux que, par le morcellement universel, un homme sur le Danube ou sur la Sprée, un sénat sur la Tamise ou sur la Delaware, sur la Vistule et sur la Brenta, puissent à leur gré donner ou ôter la vie à des milliers d'artisans qu'un même soleil éclaire à Lyon, à Nîmes, à Sedan ? Et de justes représailles de notre part feront tout le mal imaginable à un nombre de familles industrieuses dans l'étranger. L'étranger ! expression barbare dont nous commençons à rougir et dont nous laisserons la jouissance à ces hordes féroces que la charrue des hommes civilisés fera disparoître sans efforts. Quel embarras nos vicissitudes politiques, nos intérêts opposés, nos balancemens capricieux ne donnent-ils pas aux différens gouvernemens sublunaires ?

Quand l'action d'un gouvernement part du sommet, l'étendue du territoire est nuisible, c'est le cas des royaumes ; mais un gouvernement qui tire son énergie de la base, plus vous élargirez cette base, et plus le gouvernement sera vigoureux ; c'est le cas de la république universelle. Les *droits de l'homme* partent de la racine, et par conséquent la plus petite municipalité fait partie du gouvernement populaire. Les droits d'un roi partent des branches, et par conséquent la moindre bicoque offre une forte résistance au gouvernement oligarchique. Notre république ne sera jamais trop vaste, car le gouvernement s'étendra avec elle. C'est l'étendue des états environnans qui gêne notre administration intérieure ; plus nous nous étendrons, et moins nous serons gênés. La nature a donné à tel pays du vin, à tel autre du blé ; un pays occupe le haut d'un fleuve, un autre en occupe les bouches. Tout se détériore en élevant un mur entre le pays de la vigne et le pays du froment, entre la montagne des sources et la plaine des embouchures, entre les pressoirs de l'huile et les mamelles de la génisse. Par exemple, les pâcages de la Hollande et les guérets de la Beauce, et les graves de Bordeaux, et les côteaux de la Provence ne sauroient s'isoler sans se faire un tort mutuel ; et comme toutes les rivières, les fleuves et les mers communiquent ensemble naturellement, c'est à nous de multiplier ces communications par des chemins et des canaux, et non pas de les interrompre par des constitutions, des frontières, des forteresses, des escadres. Imitons la nature, si nous voulons être ses heureux enfans.

Il en coûtera moins pour gouverner l'univers nivelé, qu'il n'en coûte maintenant aux nations rivales pour entretenir des espions privilégiés dans les quatre parties du monde. Les ambassades sèment à grands frais la zizanie ; les députés à l'assemblée centrale maintiendront avec économie la concorde universelle. Tous les peuples se touchent par un commerce frauduleux, par des transactions criminelles, par des hostilités sourdes ou sanglantes, par des actes de navigation à la Cromwel. Je propose d'établir des relations plus sages, plus intimes, plus économiques, plus avantageuses à tous égards.

Les prétendues barrières naturelles qui s'opposent à cette union désirable, sont des barrières aussi fragiles que factices. Les Alpes et les Pyrénées, le Rhin et l'Océan, dans les siècles ténébreux, n'ont pas été des barrières pour les Carthaginois et les Romains ; pour les Grecs et les Scythes, pour les Goths et les Normands ; et l'on nous répétera un adage que nos possessions dans les deux Indes réfutent aussi victorieusement que les armées d'Annibal et de César, de Charlemagne et de Charle-Quint. Nous recevons chaque jour sur la Seine qui coule dans le centre des climats, à égale distance du Pole et de la Ligne, nous recevons, dis-je, des couriers et des *aviso* de Rome et de Dublin, de Lisbonne et de Pétersbourg, de Boston et de Batavia ; et l'on nous parle encore des barrières naturelles de la France ! Nous voyons à Paris, à Londres, à Madrid, à Amsterdam, plaider la cause d'un Persan, d'un Indien, d'un Chinois, d'un Péruvien, d'un Turc, d'un Cafre, d'un Arménien. On discute en Europe les intérêts d'un habitant des Antipodes, et l'on doutera si une assemblée représentative des deux hémisphères peut exister pour le bonheur permanent de l'humanité ! Je ne connois de barrière naturelle qu'entre la terre et le firmament.

Chaque législature, en attendant mieux, car nous en sommes encore sur le provisoire, renouvellera le conseil exécutif dont les membres pourront être réélus. La république des *hommes égaux* ne souffrira pas la cumulation des charges ; en fait d'honneurs et de dignités, le *minimum* est plus que suffisant. Un gouvernement quelconque est un mal nécessaire ; n'aggravons pas le mal par des œuvres surérogatoires ; qu'aucune section du peuple ne perde jamais de vue le principe de ne déléguer aucune fonction qu'elle peut exercer par elle-même : la sévérité de ce principe sera le salut du peuple. Moins nos agens auront d'importance, et plus nous aurons de confiance ; or la confiance est le nerf de notre association politique. Le sage Franklin se moquoit du costume anglican dont on vouloit revêtir le pouvoir exécutif en Amérique ; il disoit plaisamment : *dépêchez-vous de nous effubler de tout cela, car le peuple va s'accoutumer à s'en passer.* La liberté et l'égalité dicteront les statuts de la constitution universelle : on sera étonné du laconisme et de la clarté d'un formulaire dont les modifications s'appliqueront à tous les temps

et à tous les climats , et dont la perfection sera le terme inébranlable.

Rome se plaignoit de la turbulence de ses tribuns ; mais jamais
tribun n'auroi troublé Rome sans l'existence d'un sénat , d'un
patriciat, d'un consulat, d'un dictatoriat, d'un privilégié et d'un
esclave , d'un patron et d'un client, d'un peuple conquérant et
d'un peuple conquis , d'un peuple protecteur et d'un peuple
protégé. Nivelez la république sans aucune exception , subor-
donnez les hommes aux choses, les fonctionnaires à la fonction ,
les individus à la masse, la société à la loi. Notre édifice cons-
titutionnel sera d'autant plus accessible et solide , qu'il n'aura
qu'un rez-de-chaussée ; personne ne sera tenté de monter en
haut. L'erreur et les préjugés fléchiront sous la raison et la
liberté ; la malveillance des dislocateurs ne trouvera plus d'a-
liment nulle part. Un corps politique veut son bonheur et sa
conservation aussi impérativement qu'un individu raisonnable ;
le démembrement et le suicide répugnent à l'un et à l'autre. Les
Marius et les Sylla , les Catilina et les César seront des êtres
imaginaires parmi des hommes dont le nivellement s'oppose à
l'existence d'un seul esclave sur la terre. S'il existe quelque
part un esclave , il existe quelque part un tyran ; ma liberté
n'est donc pas entière ; elle est compromise , elle exige l'extir-
pation totale de la tyrannie et de l'esclavage.

Chaque département , ou district , ou canton , ou commune
touche , par de nombreux points de contact, à cinq ou six arrondissemens dont les intérêts se croisent , et qui ne se coali-
seront jamais contre la république nivelée , sans vassaux , ni
sujets , ni voisins ; contre la grande société libre. Plus les passions particulières seront actives , plus l'union universelle sera
solide : nous la rendrons indissoluble , en ôtant aux ambitieux
le ciment des corporations , en leur refusant le modèle d'un
sénat américain , ou d'une présidence stadhoudérienne , et de

toute autre superfétation dangereuse que nécessite un gouvernement fédératif, mais que rejette un gouvernement national. Les fédéralistes ont des vues secrètes dont le peuple se méfie avec une sagacité louable ; on ne protège pas ses commettans, mais on protège des alliés foibles dont l'or est aussi fin que l'or d'une liste civile. Voilà le secret des ministres et des généraux prétendus vertueux, et des orateurs prétendus populaires qui, sous prétexte du bonheur de la France, repoussent impolitiquement des voisins dont les discordes inévitables troubleroient bientôt la concorde des Français. Les Corses, guidés par une longue expérience, ont eu le bon esprit d'échapper à ces horribles intrigues en 1789. La glacière d'Avignon flétrit la mémoire de l'assemblée constituante, et l'on osera proposer à la convention un décret désorganisateur dont les suites seroient plus sanguinaires que les motions du prêtre contadin Maury, du gentilhomme papiste Buttafoco, du magistrat illuminé Déprémesnil. Les adversaires de la république indivisible voudroient nous entourer de petites républiques soi-disant amies et alliées, pour donner à nos départemens-frontières les avant-goûts de la dislocation fédérale, et pour amener subtilement l'aristocratie des sénats et des présidens.

On aime à jouer un rôle, et le moindre administrateur voudroit faire imiter dans son district le mauvais exemple d'un gouvernement compliqué. Tous les hommes ressemblent plus ou moins à ces petits princes d'Allemagne et d'Italie qui calquèrent leur cour en miniature sur la cour de Louis XIV. Le salut du peuple repose sur le nivellement complet des autorités constituées, sur l'indépendance respective des citoyens, sur le despotisme de la loi qui enchaîne tous les despotismes individuels. Ce seroit une erreur bien funeste de ne songer qu'à nous; l'humanité nous fait un devoir de ne pas oublier les autres hommes. Si la constitution française ne peut convenir au reste

du monde, elle sera mauvaise ; elle s'écroulera aux applandis-
semens du genre humain, de la raison cosmopolite dont la
sanction est indispensable. Le genre humain, régénéré dans
toutes les branches législatives, ne connoît ni plage étrangère,
ni souveraineté partielle, ni deux volontés suprêmes, ni deux
majorités et deux minorités contradictoires, incompatibles. L'é-
loignement des lieux, la différence des langues, la couleur et
les mœurs des Colons, l'étendue de l'Empire sont des obstacles,
des objections usées dont la république humaine triomphera
plus facilement que les conquérans incendiaires, les navigateurs
du commerce, les correspondans académiques, les agens de
la diplomatie, les zélateurs de la Mecque et de Jérusalem qui
ont franchi toutes les hauteurs et tous les abymes d'une planète
qui n'a pas trois mille lieues de diamètre.

Vous voulez donc soumettre à la domination française tous
les peuples de la terre ? Je réponds à cette question étrange,
que je ne connois ni domination française, ni constitution française. Les droits de l'homme rallient tous les individus sous la
domination humaine. Si ces droits sacrés avoient été connus du
temps des Horaces et des Curiaces, on n'auroit pas versé une
goutte de sang pour la réunion de Rome et d'Albe. Appartenir à
la France, c'est appartenir à soi-même ; se gouverner à la française, c'est avoir une municipalité de son choix, un tribunal
de son choix, une administration de son choix, une assemblée
représentative de son choix. Avec de pareilles bases, il n'est
pas plus difficile de réduire la carte politique sur une échelle
convenue, que la carte géographique. L'assemblée nationale de
France est un résumé de la mappemonde des Philantropes.

Mais pour effacer tous les prétextes et tous les mal-entendus,
et pour ôter aux tyrans, à nos ennemis, une arme perfide, je
demande la suppression du nom *Français*, à l'instar de ceux de
Bourguignon, de *Normand*, de *Gascon*. Tous les hommes vou-

dront appartenir à la république universelle ; mais tous les peuples ne voudront pas être *Français*. La prévention de l'Angleterre, de l'Espagne, de l'Allemagne, ressemble à celle du Languedoc, de l'Artois, de la Bretagne, qui substituèrent leur dénomination particulière à celle de la *France* ; mais aucune de ces provinces n'auroit consenti à porter le nom d'une province voisine. Nous sommes les déclarateurs des *droits de l'Homme*, nous avons renoncé implicitement à l'étiquette de l'ancienne *Gaule* ou *France*. Une renonciation formelle nous couvrira de gloire, en avançant d'un siècle les bénéfices de la république universelle. Il seroit très-sage et très-politique de prendre un nom qui nous concilieroit une vaste contrée voisine ; et comme notre association est une véritable union fraternelle, le nom de *Germain* nous conviendroit parfaitement. La république des *Germains*, par l heureuse influence d'un préjugé souvent homicide, ne tarderoit pas à s'étendre sur tous les cercles germaniques. La conformité des noms amène la conformité des choses. *Universels* de droit, *Germains* de fait, nous jouirons incessamment des bénédictions de l'universalité. Ceux qui ne sentiroient pas la philosophie de cette pensée, seroient aussi récusables au tribunal de la raison qu'un sophiste qui prétendroit que les articles de la déclaration des droits n'appartiennent pas à tous les hommes, à tous les climats.

L'espèce humaine est soumise à des lois primitives, comme la famille des abeilles ou des castors. C'est à la recherche de ces lois que notre défaut d'instinct nous condamne. Si l'abeille n'avoit que de la raison, elle feroit peut-être des alvéoles inégales et bizarres. L'essaim éprouveroit de fréquentes commotions en s'écartant de l'uniformité naturelle. Tâchons de nous élever à l'instinct des animaux, soumettons-nous aux lois invariables. Les droits naturels ne sont pas distincts des droits civils et politiques ; car l'état social est aussi naturel à l'homme qu'à l'abeille et à la fourmi. La propriété est éternelle comme la société : et si l'homme travailloit par instinct au lieu de travailler par intérêt, nous jouirions, comme les animaux, de la communauté des biens. Jamais cette communauté n'a pu s'introduire parmi nous, car l'homme travaille par réflexion. Les communautés qu'on nous cite dans l'histoire ne vivoient que du travail des esclaves, ou par un régime théocratique et monachal. Leur existence étoit nuisible et précaire comme toutes les associations qui s'écartent de la règle des *droits de l'Homme.* Les réformateurs Indiens, Chinois, Egyptiens, Hébreux et Chrétiens se sont étrangement abusés en prêchant les prétendus *droits de Dieu.* Ils ont dit que nous étions égaux devant Dieu, et que la fraternité universelle découloit de la paternité céleste. Cette erreur grave engendra le plus affreux despotisme sacerdotal et royal. Nos chaînes s'appesantirent sous la main d'une foule de pères en Dieu qui furent sacrés, mitrés, couronnés au nom du Père Éternel. On ôta la souveraineté au genre humain pour en revêtir un prétendu souverain dans le ciel, dont les représentans sur terre étoient des rois, des empereurs, des papes, des lamas, des bonzes, des bramines, et tant d'autres grands officiers ecclésiastiques et civils.

L'erreur enfante des millions d'erreurs, pendant que la vérité n'enfante que la vérité unique. Delà l'harmonie d'une assemblée nationale universelle ; delà les schismes, les hostilités, les anathèmes des saints conciles œcuméniques. La raison qui guide les géomètres dans une seule et même route, malgré la distance des lieux, des temps, des langues et des coutumes, dirigera tous les hommes vers un centre commun, lorsque la représentation nationale sera ôtée aux puissances célestes, aux oints du Seigneur, lorsque le genre humain sera réintégré dans ses droits imprescriptibles.

Les différentes espèces d'aristocraties sont des émanations

d'une divinité imaginaire. J'ai prouvé dans différens écrits que Dieu n'existe point. Les hommes qui admettent cette chimère doivent se tromper non moins lourdement sur beaucoup d'autres objets ; et ce défaut de jugement, cette maladie morale est déplorable. Cela donne la clef de toutes les duperies dont les charlatans affligent l'humanité. Celui qui admet un dieu raisonne mal, et un mauvais raisonnement en produit d'autres. Ne soyez pas l'esclave du ciel, si vous voulez être libre sur la terre. Il faut à la république de bons raisonneurs. Tel homme est feuillant par le même défaut mental qui le rend théiste. Je défie que vous connoissiez bien la nature de la *sans-culotterie*, si vous admettez une nature divine ou plastique. Quiconque a la débilité de croire en dieu, ne sauroit avoir la sagacité de connoître le genre humain, le souverain unique. Prenez les hommes un à un, vous gémirez sur leur ineptie ; prenez-les en masse et vous admirerez le génie de la nature. Nous sommes étonnés chaque jour des prodiges du peuple libre ; c'est que le peuple, la collection des individus en sait plus qu'aucun individu en particulier ; et quand ce peuple sera composé de la totalité des humains, on verra des prodiges bien plus étonnans. Les têtes foibles qui voudront un dieu en trouveront un sur la terre, sans aller chercher je ne sais quel souverain à travers les nuages. La souveraineté étant nécessairement despotique, gardons-nous bien de l'attribuer à toute autre puissance que le genre humain.

Les croyans disent que le monde ne s'est pas fait lui-même, et certainement ils ont raison ; mais Dieu non plus ne s'est pas fait lui-même, et vous n'en conclurez pas qu'il existe un être plus ancien que Dieu. Cette progression nous meneroit à la tortue des Indiens. La question sur l'existence de Dieu (Théos) est mal posée ; car il faut savoir préalablement si le monde (Cosmos) est un ouvrage. Demandez donc la question

tion préalable , et vous passerez à l'ordre du jour dans le silence de vos adversaires stupéfaits.

La comparaison de l'horloge et de l'horloger, dont les théomanes éblouissent les simples, est un tour de gibecière morale que la réflexion sait apprécier à sa juste valeur. Voilà une montre, un palais, un obélisque, je ne vois rien de semblable dans le règne animal, ou végétal, ou minéral. Je ne retrouve pas ici les lois de la génération et de la végétation ; et au défaut de la nature, j'ai recours à l'art, à la main de l'homme, pour expliquer l'existence de la montre , du palais et de l'obélisque. Je sais qu'un tableau, un poëme, une tragédie ne croissent pas comme des champignons ; je sais que le peintre et le poëte qui copient la nature, agissent différemment que l'homme qui fait un enfant; mais cette différence ne me fera pas adopter une similitude entre l'architecte de ma maison et le prétendu architecte de la nature. Evitons le cercle vicieux. Nous avons la manie des comparaisons ; cette manie a donné lieu à la chimère divine ; comme si la nature, source féconde de toute comparaison, pouvoit être comparée. Mais la nature est aveugle ; comment peut-elle *produire* des êtres clairvoyans ? Cette objection tombe d'elle-même, car la nature ne *produit* rien. Tout ce qui la compose existe éternellement : ce que nous appellons vulgairement l'enfant de la nature est aussi vieux que sa mère. N'allons pas expliquer l'existence de la nature incommensurable par l'existence d'une autre nature incommensurable. Vous cherchez l'Eternel hors du monde, et je le trouve dans le monde. Je me contente du *Cosmos* incompréhensible, et vous voulez doubler la difficulté par un *Théos* incompréhensible ! Je vois l'un, vous ne voyez pas l'autre. Supposons maintenant que le monde disparût, et que la vision du père Mallebranche se réalisât, vous verriez tout en dieu, vous admireriez toutes les conceptions de l'entendement divin. L'ordre et les phénomènes

Bases constitutionnelles.   C

qui vous auroient étonné dans le monde, seroient des jeux pué-
riles auprès de l'ordre et des merveilles qui frapperoient votre
imagination dans le sein de la divinité. N'est-il pas vrai que
vous traiteriez d'impie, d'extravagant, celui qui oseroit douter
de l'éternité de cet être merveilleux? vous diriez que ce n'est
pas là un ouvrage, et que c'est une folie de vouloir expliquer une
merveille par une plus grande merveille; car l'ouvrier seroit plus
étonnant que l'ouvrage. Eh bien! soyons raisonnables : point
d'inconséquence, ne cherchons pas d'autre éternel que le monde.
Laissons au visionnaire Mallebranche son *Théos* indéfinissable,
nous absorberons toutes nos pensées dans le spectacle de la nature éternelle.

Quelque chose existe éternellement : c'est une vérité simple ;
mais n'allons pas nous perdre dans les spéculations d'une nature
divine et créatrice, pendant que tout s'explique avec la nature
palpable et visible. Je nie l'existence d'une nature créée, et
vous ne m'endormirez pas avec votre prétendue nature créatrice
et motrice. Je ne veux point de fabrique, et par conséquent
point de fabricateur. Le bon sens rejette le premier moteur d'un
mouvement éternel.

Il ne faut rien moins qu'une éducation aussi vicieuse que la
nôtre, pour faire la fortune des chimères célestes : les enseigne-
mens fondés sur une erreur capitale formeront une jeunesse cor-
rompue. Si la raison ne préside pas aux études gymnastiques,
autant vaudroit-il épargner à l'état les frais de l'éducation. Ces
frais produiront une immense économie, s'ils accélèrent l'extir-
pation des préjugés religieux. Que les lycées, les instituts nationaux fassent écrouler les temples d'un dieu étranger, sinon
point d'autre éducation nationale que les écoles de l'alphabet
et de l'arithmétique. L'instruction se propagera universellement
lorsque la guerre sera bannie du monde, lorsque les distractions
des gazettes martiales n'absorberont plus l'étude de l'histoire et

des belles-lettres. Il y va donc de notre gloire, à nous fonda-
teurs de la république, qu'ur jour les hommes ne s'occupant
plus des expéditions guerrières, ayent le temps de lire tout ce
que nous avons fait pour jeter les fondemens impérissables de
la prospérité universelle. C'est ainsi que tous les motifs qui ca-
ressent le cœur humain, se réunissent pour l'adoption du vrai
système social. Le soupçon, noir fantôme qui agite une république entourée de puissances étrangères, s'évanouit dans la république universelle. Ma doctrine est la révélation de la nature ;
les autres révélations se dissipent devant elle comme les spectres
du sommeil devant les veillées de la philosophie (1).

L'association qui aura ressaisi le plan éternel servira de mo-

---

(1) Je fis, il y a quelques années, un testament philosophique, dans
lequel je prouvois qu'on peut vous ôter l'ame sans vous tuer ; et par conséquent que notre ame est une chimère aussi ridicule que le fantôme appelé
Dieu. Comme il importe à la République que nos neveux ne soient pas la
dupe des prédicateurs du mensonge, je vais retracer ici une courte analyse
à l'usage des instituteurs de la jeunesse. Le vrai moyen de se défaire des
jongleurs, c'est de montrer que l'ame de l'homme est le résultat de l'organisation humaine, comme l'ame d'un dogue est le résultat de l'organisation
canine. Nous sommes, disois-je, des plantes ambulantes, et nous deviendrons des plantes sédentaires. Nous avons pris racine dans le sein de la
femme, et nous reprendrons racine dans le sein de la terre. Le nombril
n'est autre chose qu'une racine. Donnez à l'arbuste les sens qui lui man-
quent, et vous ferez de ce végétal ce que nous appelons un *animal*.
Analysez le corps humain, et vous trouverez un tronc, des branches, des
rameaux, une écorce et la circulation de la sève ou du sang. Un brin
d'herbe a beaucoup de rapport avec l'homme le mieux organisé. Ense-
velissez-moi sous la verte pelouse, pour que je renaisse par la végétation :
métempsycose admirable dont les mystères ne seront jamais révoqués en
doute. Mais je n'aurai pas le souvenir de mon existence première : eh ! que
m'importe cette réminiscence, pourvu que j'existe agréablement. Il ne
s'agit pas ici de récompenses et de peines théologiques. Je consulte la
nature qui me dit de mépriser la théologie. La nature est une bonne mère

dèle à l'Univers. Que ce soit Raguse ou Genève, Milan ou
Berne, Paris ou Madrid, n'importe le lieu et le nom : en adoptant le même mode, nous ne serons ni Ragusiens, ni Génevois,
ni Suisses, ni Lombards, ni Français, ni Espagnols, ni Alle-
mands ; nous serons des *Germains*, des *Universels*, de vrais *Ca-
tholiques*. Nous avons tous le même but : la conservation des

---

qui se plaît à voir naître et renaître ses enfans sous des combinaisons
différentes. Un profond sommeil ne laisse pas que d'avoir son mérite.

On disserte depuis des siècles sur l'essence de notre ame ; elle est indivisible, dit-on, et par conséquent immortelle. Je nie la majeure, car notre
ame se divise en six parties très-distinctes ; et j'ôterai successivement à un
homme son ame, sans lui ôter la vie. Vous perdez la vue aujourd'hui,
demain l'ouie, le lendemain l'odorat, ensuite le goût et le tact. Que
restera-t-il de votre ame, sinon la *mémoire*, le souvenir des phénomènes
transmis par les cinq sens ? de sorte qu'en perdant cette *mémoire*, vous
devenez un végétal proprement dit, à cela près que vous éprouverez la
faim et la soif, le froid et le chaud. Ma bouche n'ayant ni tact, ni saveur,
recevra machinalement la nourriture qu'on y versera ; elle me tiendra lieu
de nombril ou de racine. Je vivrai sans notre prétendue ame, je végéterai
comme une plante, et vous ne sauriez me rendre mon ame qu'en me rendant
mes sens. Penser, c'est sentir : sentir, c'est recevoir l'impression de tous nos
organes dans un point central où nos fibres, nos nerfs, nos esprits vitaux
viennent aboutir. Coupez cette communication, et l'animal devient plante ;
un coup violent sur la tête ôte la faculté de sentir les plus rudes coups sur
le reste du corps. Donnez une tête aux plantes, et vous leur communi-
querez les impressions du plaisir et de la douleur, comme aux animaux.
Modifiez la tête de telle ou telle manière, et vous verrez toutes les grada-
tions de la sagesse et de la folie, du génie et de l'imbécillité. Il y a donc
deux moyens de faire disparoître notre ame sans que mort s'ensuive, soit
par l'absence de nos cinq sens, soit par l'affaissement du cerveau. On peut
cesser de sentir, perdre la mémoire des sensations précédentes, et continuer
à vivre, à respirer, à digérer, à végéter. Je le répète : *penser, c'est sentir*, et il
faudroit avoir aussi peu de sentiment qu'un théologien, pour se refuser à
l'évidence de ma démonstration, qui dispensera de la lecture de mille et un
traités sur la métaphysique.

droits naturels. On aime par-tout la liberté, l'égalité, la sûreté, la propriété, la paix ; on veut la justice et la résistance à l'oppression ; on avoue la subordination de la partie au tout, et par conséquent l'obéissance au genre humain. Mais pour nous renfermer momentanément en Europe, voici l'époque de la dissolution de tous les trônes et de tous les sénats : les Européens vont s'assembler quelque part pour savoir ce que nous deviendrons. Certes, ce concile politique ne se tiendra pas à Paris, si la France repousse ses voisins, si nous refusons d'entrer dans des conférences fraternelles. Très - certainement la majorité européenne des *Sans-culottes* prononceroit sur le sort de la France, comme celle - ci décideroit aujourd'hui du sort d'un de nos districts qui se refuseroit à l'élection de ses représentans. Les Européens calculeront ce qu'il en coûte aux contribuables, pour l'entretien des forces militaires ; ils verront combien le bois de chauffage et de construction, et par suite les comestibles et les loyers renchérissent par des camps et des flottes dont il seroit si facile de se passer en adoptant l'unité représentative. Ce régime simple et salutaire ne plaira pas à un petit nombre d'hommes qui vivent de nos erreurs politiques comme les prêtres vivent de la chair des holocaustes. Le genre humain, morcelé, troublé, ruiné, ressemble à une arène de gladiateurs. Ce spectacle absorbe des milliards tournois ou sterlings ; il est lucratif et récréatif pour une poignée de sybarites qui s'enrichissent et s'amusent aux dépens du peuple écrasé d'impôts. Certes, la foule des laboureurs, des artisans, des commerçans, formera une majorité immense contre la très-petite minorité de familles dont la stérile industrie s'exerce sur le mal moral, sur les calamités dont un nouvel ordre de choses va nous délivrer à jamais. L'homme adoptera nécessairement une organisation politique qui augmente sa liberté et qui diminue les contributions. Cette doctrine bienfaisante trouvera autant de prosélytes que d'audi.

Bases constitutionnelles.　　　　　　　　　C 3

teurs patriotes. Le système des finances est l'écueil de tous les gouvernemens. La guerre engendre les finances, c'est-à-dire, la banque des frippons, le marche-pied des ambitieux, le brandon de la discorde et de l'anarchie. Le morcèlement des peuples engendre la guerre. Il s'agit donc de trouver un mode de gouvernement fondé sur un principe qui nous assure la paix perpétuelle. Je l'ai trouvé! La sagesse des Savoisiens servira d'exemple à l'Univers. Le premier usage qu'ils font de la liberté est une démarche de la plus salutaire économie, de la plus profonde politique, un hommage à la souveraineté du genre humain. Nous n'aurons jamais la guerre avec la Savoie, car elle ne s'est pas unie à la France par juxta-position ; mais ces deux contrées ont formé une amalgame, une confédération d'individus qui ne laisse plus aucune trace de la ci-devant Savoie. On apperçevroit plus facilement un muid d'eau transvasé dans l'Océan que la ligne de démarcation qui séparoit les hommes des Hautes-Alpes d'avec ceux des Basses-Alpes. L'amalgame est si parfaite que nous pourrions changer les districts administratifs, soit en les distribuant dans d'autres départemens, soit en les étendant sur une plus grande surface, sans que les ci-devant Savoisiens s'en inquiétassent d'aucune manière. Nos divisions administratives n'étant pas des territoires fixes, des domaines exclusifs, l'habitant du Mont-Blanc n'aura pas d'autre sollicitude que l'exercice de son industrie et la défense de notre souverain. Aucune propriété communale ou provinciale ne troublera son repos par des procédures ou par des voies de fait. L'incorporation de la Savoie est un nouvel argument en faveur du souverain unique ; car la souveraineté réelle ne peut ni s'aliéner, ni s'incorporer, ni s'anéantir. Tout autre souverain que l'impérissable genre humain est une chimère ridicule, un hors-d'œuvre fugitif, une fonction provisoire.

Toutes nos actions particulières sont soumises à l'inspection du souverain. Un homme solitaire sur le globe seroit souverain, une famille solitaire seroit souveraine, et cette famille, en croissant et multipliant jusqu'aux extrémités de la terre, ne perdroit pas ses droits imprescriptibles ; de sorte que le souverain est essentiellement seul, unique, indivisible : sa volonté est la suprême loi, l'inaltérable vertu, l'éternelle justice. Un homme en tue un autre, soit par un jugement légal, soit à son corps défendant ; cet homme n'agit qu'avec le consentement du souverain qui permet et commande tacitement ou formellement tout ce qui est juste, tout ce qui est utile à la société. Si les *droits* sont les mêmes, les *devoirs* sont les mêmes ; or les *droits de l'homme* sont inhérens à notre nature. Les êtres mâles et femelles qui ont cinq sens et l'usage de la parole, avec la faculté de faire souche, ces êtres appartiennent à la même famille, n'importe la descendance d'une seule tige ou de plusieurs tiges. Je ne connois rien de primitif dans le règne animal ou végétal. Je sais qu'un homme ne sera jamais étranger à l'homme, et que la volonté particulière sera toujours subordonnée à la volonté générale. La plus sauvage des peuplades nous appartient aussi légitimement, aussi naturellement que le plus policé des peuples. Le droit de souveraineté ne s'altère point par des exceptions locales et passagères.

Mais, dit-on, la majeure partie du genre humain est encore dans l'abrutissement ; que deviendrions-nous, s'il alloit prononcer en faveur du despotisme et de l'aristocratie ? question très-oiseuse, car les esclaves n'ont point de volonté propre ; et la guerre actuelle avec les despotes et leurs satellites, est précisément la dispute du vrai souverain avec les faux souverains. Nous repoussons la force par la force ; mais l'erreur se dissipera chez nos voisins comme chez nous. Plusieurs de nos départemens ont été plus gangrenés que l'Espagne et l'Italie. Renversons les tyrans, et nous aurons bientôt effacé les tracés du despotisme et de l'aristocratie. Les esclaves et leurs maîtres forment un bétail qui n'a point de voix dans la société des hommes libres. La paix seroit faite, si les *droits de l'homme* étoient reconnus par-tout ; car quiconque reconnoîtra ces droits, se rangera de notre côté. Un vieux proverbe dit : *qui se ressemblent s'assemblent* ; or rien ne ressemble plus à un *sans-culottes* du Nord qu'un *sans-culottes* du Midi ; rien ne ressemble plus à un *aristocrate* de l'Orient qu'un *aristocrate* de l'Occident. Vous verriez aujourd'hui tous les oppresseurs se coaliser contre nous, si leur monstrueux système ne tendoit pas à les désunir car ils partagent la souveraineté entre des princes et des sénats toujours jaloux et rivaux. La fortune des tyrans est placée sur trente têtes ; mais la fortune du peuple est placée sur toutes les têtes de l'espèce humaine. De prétendus souverains, les agens du mensonge, ne seront jamais sincèrement unis : le souverain éternel, l'organe de la vérité, sera toujours un, indivisible, impassible. Il ne s'agit plus de faire reconnoître frivolement la république française. Les tyrans de l'Europe ont allumé la guerre ; les assemblées primaires de l'Europe proclameront la paix. Tous les tyrans s'accordent à rejeter la *déclaration des droits* ; tous les hommes libres s'accordent à promulguer cette *déclaration*. De l'accord des premiers naît la discorde universelle, et de la concorde des seconds naît l'harmonie perpétuelle.

D'après cela, comment nous eût-il été permis de repousser les Savoisiens, les Niçards, les Teutons, les Belges et quiconque voudra se ranger sous l'oriflamme des *droits de l'homme* ? comment supposer qu'une peuplade qui demande toute la liberté, n'émette pas un vœu libre ? Serons-nous rebelles à la raison, usurpateurs de la souveraineté imprescriptible, en conservant obstinément et ruineusement une souveraineté provisoire et révolutionnaire qui n'appartient à aucune section du globe ? S'il nous étoit permis de rebuter une province étrangère, il nous sera permis de rebuter une famille, un navire et tous les étrangers qui nous apporteront leur fortune et leur industrie. Bientôt nous ferions une distinction entre telle et telle secte religieuse, et nous arriverions insensiblement à une religion exclusive, comme à une constitution exclusive. Les sophistes qui ne veulent pas admettre nos voisins seront également fondés à diminuer le nombre de nos départemens ; rejeter l'addition, c'est accorder la soustraction. La bienveillance universelle se détourneroit loin de nous, pour former ailleurs un centre d'attraction qui nous entraîneroit par la force des choses dans une autre sphère. Ah! citoyens, n'imitons pas Moïse et Lycurgue. Et puisque leur histoire me rappelle un trait de la fable, si Latone avec son île flottante se fixoit sur le rivage de la France, nous la recevrions avec alégresse ; et vous hésiteriez à recevoir nos frères du continent, dont le territoire et la population viennent augmenter la prospérité d'une république qui s'élève sur la raison universelle! Ne soyons ni absurdes, ni injustes, si nous voulons être libres long-temps. Ce n'est pas en vain que nous avons placé des pierres d'attente à notre vestibule départemental. Nous formons une confédération d'individus ; toute autre masse ou corporation, que celle du genre humain est inadmissible. Ne dévions pas de nos principes, en refusant l'adoption d'un village, d'un hameau contigu à notre territoire, sous prétexte que la majorité d'une province n'a pas prononcé son vœu. Ce seroit reconnoître autant de majorités et de minorités qu'il y a d'erreurs et d'abus sur la terre. Autant vaudroit-il soumettre la doctrine de Galilée et de Newton à la décision d'un Pape et d'une Sorbonne, dont les épais tourbillons dérobent la vue du système de la gravitation. Notre doctrine politique est une religion qui reçoit tous les néophytes qui se présentent, n'importe les réclamations d'un plus ou moins grand nombre d'hommes égarés. Chaque assemblée primaire qui demandera la communion de la

république universelle , doit y être reçue comme faisant partie
de la majorité du genre humain. Toute autre majorité sera nécessairement une minorité très récusable. En fait de doctrine, il
n'y a qu'une majorité comme il n'y a qu'une raison. Je suppose
que toute la Catalogne , hormis une seule ville, ne voulût pas
s'amalgamer avec la *ci - devant* France , nous ne pourrions pas
éconduire cette ville ; la vérité n'est jamais en tutelle. Ma sup-
position est très - gratuite , car indubitablement tous les despotismes , toutes les aristocraties viendront échouer devant le bon
sens des assemblées primaires. C'est en convoquant par - tout
les vrais dépositaires de la volonté communale , que nous ver-
rons le dénouement de toutes les tragédies et comédies soi-
disant politiques. Il n'y a pas de sophisme spécieux contre
l'attraction populaire qui s'attache tous les individus et la ré-
pulsion populaire qui écrase toutes les masses. Une morale
fondée sur les mêmes intérêts , doit produire l'unité représentative , à moins qu'on ne prétende , avec certains rêveurs , que la
morale universelle tiendra lieu de la représentation universelle :
comme si l'unité des intérêts pouvoit subsister avec la diversité
des gouvernemens. L'expérience a démontré qu'une religion
commune ne suffit pas pour pacifier des nations indépendantes.
Il ne sauroit y avoir unité d'intérêts sans unité nationale. La société des individus sera toujours pacifique : la société des nations
sera toujours belligérante. Je demanderai aux moralistes impo-
litiques, si leurs corporations étrangères auront des formes aristocratiques, des jalousies vicinales , des barrières fiscales , des
bastions , des garnisons , des escadres ? S'ils me répondent af-
firmativement, j'en conclus que les intérêts ne sont pas les
mêmes : s'ils me répondent négativement, j'en conclus que les
masses ont consenti à la fusion universelle. Il y a intimité parfaite ; et au lieu d'ambassadeurs , on s'envoie réciproquement
des représentans qui vérifient leurs pouvoirs ensemble , et qui

siégent indistinctement dans une salle législative. Là on adopte toutes les formes que la morale, la raison universelle dicte à l'homme pour son bien-être, pour la prospérité universelle. Qui veut la fin, veut les moyens : qui veut la paix et le bonheur, veut la république départementaire et non pas des républiques nationales. La république du genre humain est nécessairement indivisible, car aucune portion ne veut ni ne peut s'en détacher pour se joindre à une autre république ; il n'y a qu'un genre humain entre les deux poles.

Je propose donc à la Convention des Français, ainsi qu'aux autres Conventions du monde, de décréter ou déclarer préliminairement le principe fécond et attractif de la souveraineté indivisible, la volonté suprême et unique du genre humain. Cette vérité, reconnue par tous les hommes, produira la réunion de tous les hommes. Posons cette large base aujourd'hui, et nos travaux subséquens seront impérissables : nous compterons une grande journée de plus dans les annales de la régénération du monde. L'an premier de la *République française* est l'an premier de la *République universelle*.

Voici trois articles, trois résultats d'une méditation profonde que je soumets à la sagesse de mes collègues.

PROJET DE DÉCRET.

La Convention nationale voulant mettre un terme aux erreurs, aux inconséquences, aux prétentions contradictoires des corporations et des individus qui se disent *souverains*, déclare solemnellement sous les auspices des *Droits de l'Homme* :

ARTICLE PREMIER.

Il n'y a pas d'autre souverain que le genre humain.

I I.

Tout individu, toute commune qui reconnoîtra ce principe lumineux et immuable, sera reçu de droit dans notre association fraternelle, dans la république des *Hommes*, des *Germains*, des *Universels*.

I I I.

A défaut de contiguité ou de communication maritime, on attendra la propagation de la vérité, pour admettre les communes, les enclaves lointaines.

———————————

Nota. S'il restoit encore le moindre doute aux hommes de bonne volonté, je les prierois de lire mon livre de l'*Orateur du Genre-Humain*, et mon livre de la *despotique universelle*, ma dernière brochure, intitulée : *Étrennes de l'Orateur du Genre Humain aux Cosmopolites*.